Mordus de télé

Les Éditions du Boréal reconnaissent l'aide financière du gouvernement du Canada par l'entremise du Programme d'aide au développement de l'industrie de l'édition (PADIÉ) pour ses activités d'édition et remercient le Conseil des Arts du Canada pour son soutien financier.

Les Éditions du Boréal sont inscrites au Programme d'aide aux entreprises du livre et de l'édition spécialisée de la SODEC et bénéficient du Programme de crédit d'impôt pour l'édition de livres du gouvernement du Québec.

Dépôt légal : 4e trimestre 2006
Bibliothèque et Archives nationales du Québec

Diffusion au Canada : Dimedia
Distribution et diffusion en Europe : Volumen

Catalogage avant publication de Bibliothèque et Archives Canada
Duchesne, Christiane, 1949-

Mordus de télé

(Boréal Maboul)

(Tordus tout court ; 2)

Pour enfants de 6 ans et plus.

ISBN-13 : 978-2-7646-0481-6

ISBN-10 : 2-7646-0481-5

I. Mongeau, Marc. II. Titre. III. Collection. IV. Duchesne, Christiane, 1949- . Tordus tout court ; 2.

PS8557.U265M67 2006 jC843'.54 C2006-941430-0
PS9557.U265M67 2006

Tordus tout court 2

Mordus de télé

texte de Christiane Duchesne
illustrations de Marc Mongeau

Boréal Maboul

Ce soir, les tordus m'ont demandé si je pouvais installer une télévision dans ma chambre.

— Vous êtes devenus des mordus de télé ! leur ai-je fait remarquer.

— Des *tordus* de télé, chef, a précisé Alfred.

— Dis oui ! a insisté Zénon. Une télé dans ta chambre, ce serait tellement bien !

Je leur ai répondu que non, il n'en était pas question.

Ils étaient bien déçus. Moi, je préfère écouter la télé dans le grand fauteuil du salon. Et puis, les sous pour acheter une télé, je ne les ai pas ! Je leur ai demandé s'ils se rappelaient ce terrible jour où ils avaient voulu me quitter à cause d'elle…

— À cause de qui ? a demandé innocemment Gontran.

— À cause de la télévision ! Vous avez déjà oublié ?

Ils ont fait semblant de rien, mais moi, je vais vous le raconter, ce qui s'est vraiment passé ce jour-là.

Chapitre 1

C'était il y a un peu plus d'un an. Les tordus vivent alors chez moi depuis déjà trois semaines. Je les connais plutôt bien, mais pas encore assez. Ils m'ont déjà raconté de grands bouts de leur vie. Je sais qu'ils ont parcouru le monde, qu'ils ont habité toutes sortes de lieux étranges avant d'arriver chez moi.

Quand je leur demande ce qu'ils faisaient le soir, avant de me connaître, ils me répondent :

— Le soir, nous lisions le ciel. Il y a plein de choses, là-haut. Toi, tu ne lis pas le ciel ?

— Moi, je lis seulement des livres.

Ils me parlent alors des étoiles et des constellations. Ils décrivent les aurores boréales, qui bougent comme des poupées agitées. Je leur pose beaucoup de questions, car moi, je n'en ai encore jamais vu.

Ils racontent aussi les pluies de Perséides, les étoiles filantes d'été, et celles des Léonides qui, elles, tombent en automne. Lorsqu'ils voient une étoile filante, ils se prennent tous par la main et crient très fort :

— Encore un de gagné !

Un quoi ? Qu'est-ce qu'ils gagnent ?

— On gagne un bonheur ! murmure Alfred. Vous ne gagnez pas ça, ici ?

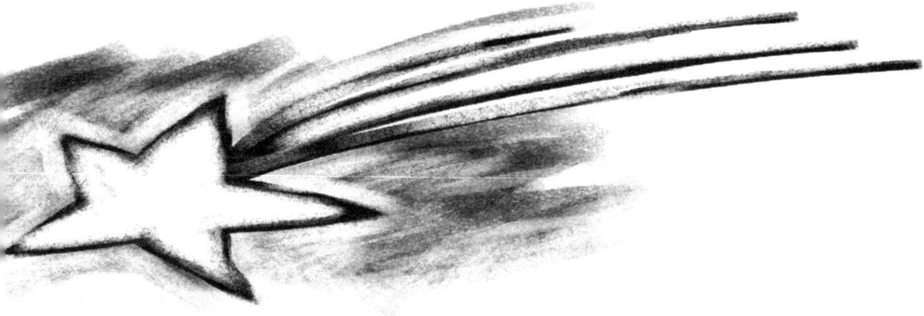

— Gagner un bonheur ? Mais vous le gagnez comment ?

— On le gagne, c'est tout ! insiste Alfred. Tu ne sais pas ce que c'est, gagner quelque chose ?

— Bien sûr que je le sais. Mais le bonheur, vous le recevez comment ?

— Pas par la poste, c'est sûr ! plaisante Gontran en pouffant de rire.

— Alors, comment vous savez que vous l'avez ?

— On le sait, c'est tout. On sait qu'on aura autant de bonheurs qu'on a vu d'étoiles

filantes. On compte les étoiles qu'on a vues, on met dans nos cahiers le numéro du bonheur qui va avec l'étoile. Quand un bonheur arrive, on se dit : en voilà un autre ! Et on efface son numéro de la liste.

— Ce doit être bien triste quand on arrive à la fin de la liste.

— Mais on n'y arrive jamais, justement ! s'exclame Casimir. Quand tu attends deux cents bonheurs à cause des étoiles filantes d'été, quand il t'en tombe encore une bonne centaine sur la tête en novembre, ça finit par faire beaucoup ! Presque un bonheur par jour, tu te rends compte ? On a de bonnes réserves.

— Et puis, ça s'accumule d'année en année, précise Apolline en fronçant les sourcils.

Je trouve que c'est une bien bonne méthode, qui permet de savoir à l'avance combien de petits bonheurs vont nous arriver.

— Mais vous les gagnez parce que vous êtes gentils ?

— Pas du tout ! répond Zénon. Tout le monde a droit au même nombre de bonheurs.

Ils s'étonnent de voir que, chez moi, on ne les compte pas ainsi.

Chapitre 2

À partir de ce jour, nous lisons le ciel ensemble. Malgré tout, ils ont de la peine, mes tordus ; car ils aimeraient bien lire tranquilles, le soir dans leurs petits lits, et s'endormir avec un livre entre les mains. Sauf qu'il n'y en a pas d'assez petits pour eux.

J'ai pensé leur en fabriquer, mais c'est trop difficile. J'ai donc pris l'habitude de lire à voix haute.

— Tu vois, chef, quand tu nous racontes des histoires, c'en est un, de petit bonheur. Quand tu nous souris, aussi.

Lorsqu'ils sont tous couchés, bien au chaud sous mon lit, je lis juste assez fort pour qu'ils puissent bien m'entendre. À tout moment, ils interrompent l'histoire pour poser des questions.

— Attends un peu, chef! Quand l'homme à la tête de cheval arrive, il dit quoi, déjà ?

Je reprends patiemment le passage.

— C'est clair, vous avez compris ?

— C'est bon, chef, continue, c'est palpitant.

Ils aiment surtout les contes très anciens, la mythologie, les histoires de dieux grecs qui habitaient sur le mont Olympe, celle du Minotaure dans le Labyrinthe. Ils ont parfois peur.

— Si vous avez trop peur, vous me le dites ?

— Promis, chef. Mais on aime un peu ça, avoir peur, murmure Apolline.

Ils raffolent des histoires de voleurs, qui les font crouler de rire, surtout lorsque les voleurs sont pris la main dans le sac.

— Nous, quand on vole, explique Alfred, on laisse toujours autre chose à la place de ce qu'on a pris. Il faut savoir voler comme il faut ! Dans tes histoires, les voleurs sont bien mal élevés !

Chaque soir, j'apprends à mieux les connaître.

Au moment où je termine l'histoire, mon père vient frapper doucement à ma porte.

— Je peux entrer, Christophe ?

Tant que les tordus sont sous mon lit, tout le monde peut entrer, je ne m'inquiète pas.

— Depuis plusieurs soirs, tu lis à voix haute dans ton lit...

— Ça t'inquiète ?

— Pas du tout. Je me demandais simplement pourquoi.

— Parce que j'aimerais bien, un jour, être celui qui lit les bulletins de nouvelles à la télévision. Et pour ça, il faut travailler sa voix.

Impressionné, mon père ! oh, qu'il est

impressionné ! Lorsqu'il a refermé la porte, Gontran demande :

— Tu veux lire des quoi de quoi à la télé-quoi ?

Chapitre 3

Quand je prononce le mot « télévision », ils ouvrent subitement de grands yeux. Je leur explique un peu, je leur dis qu'un jour (j'en rêve !) tout le monde pourra me voir à la télévision.

Ils savent ce qu'est une voiture, un ascenseur, un avion. Ils connaissent beaucoup de choses. Mais la télévision, c'est de l'inconnu. J'ai l'impression d'expliquer à des Saturniens ce qu'est une vache !

— C'est fait comment ? demande Casimir.

— C'est une sorte de boîte, ça fonctionne à l'électricité, il y a des images dedans et...

— Montre-nous ! supplient-ils.

— C'est difficile.

— Pourquoi, c'est loin d'ici ? Il faut marcher des heures pour en voir une ?

— Non, non, il y en a une dans le salon.

— Va la chercher, chef, vite !

Ils sont terriblement excités, ils sautent sur mon lit et me tirent les oreilles.

— C'est trop gros, c'est trop lourd. Il faudrait que vous veniez voir vous-mêmes.

Ils secouent tous la tête en même temps.

— Non, non, non et non ! grogne Al-

fred. Si c'est gros, si c'est lourd, ça pourrait nous écraser !

Comment leur expliquer mieux ? Il n'y a qu'une solution : les cacher dans ma poche et les emmener dans le salon. Sauf qu'à cette heure-ci mes parents sont déjà installés devant la télé.

— Demain, promis, dès que mes parents partent faire les courses, je vous montre ce que c'est et comment ça fonctionne. On comprend mieux les choses quand on les voit pour de vrai.

Moi, ce que je n'arrive pas à comprendre, c'est leur monde à eux. D'où viennent-ils vraiment ? Comment est-ce, chez eux ?

Alfred m'explique :

— Mon petit chef, chez nous, c'est

ailleurs. Comment t'expliquer ? C'est chez nous ! Mais on a habité tellement d'endroits ! Je ne sais même pas si on saurait y retourner, chez nous...

Je voudrais bien savoir pourquoi ils sont partis de chez eux. Quand je pose la question, ils ont tout à coup les larmes aux yeux. Je n'insiste pas.

Si quelqu'un me demandait d'expliquer comment c'est, chez moi, qu'est-ce que je répondrais ?

Chez eux, ils avaient des maisons, de petites maisons de branches, il faisait toujours chaud, il y avait des rivières glacées où ils ne trempaient jamais un orteil. Ils mangeaient des tartes à toutes sortes de choses : au foin, aux fraises des champs, aux petits poissons,

aux fleurs, aux mûres et aux framboises. Les meilleures, c'étaient les tartes à la grenouille, ils sont tous d'accord là-dessus.

Ils façonnaient des galettes carrées et ils les faisaient cuire au soleil ; ensuite ils mettaient des pétales de nénuphar dessus, et c'était bon. Ils mangeaient aussi les œufs de petits oiseaux. Ils connaissaient une dame mésange qui leur en pondait une réserve, exprès pour eux. Avec un seul œuf, ils se régalaient !

— On avait presque tout, chez nous, sauf la télévision ! dit tout à coup Alfred.

Et il demande d'une voix endormie, avant de se mettre à ronfler :

— Tu as dit que tu voulais faire quoi, chef, dans la télévision ?

— Lire le bulletin de nouvelles.

— Je suis sûr qu'on va aimer ça, des bulletins de nouvelles...

Chapitre 4

Le lendemain, mon père décide de travailler à la maison parce que ma mère est un peu malade. Il s'inquiète beaucoup, mon père. Ils n'iront pas faire les courses, évidemment ! C'est donc foutu pour la télé.

J'ai beau expliquer à mes tordus que je ne peux pas les emmener au salon parce que maman est étendue là (et devant la télé !), ils ne veulent rien entendre.

— Cache-nous dans tes poches, on sera parfait motus.

— Parfait motus ?

— On ne respirera même pas, si tu veux !

Tout à coup, mon père m'appelle.

— Christophe, il faut que j'emmène Marie à la clinique.

Qu'est-ce qu'elle a, ma petite maman ? Trop de fièvre, elle tremble.

Ce n'est peut-être qu'une grosse grippe, mais papa n'aime vraiment pas ça. Normalement, j'aurais suggéré d'aller avec eux. Pas cette fois-ci.

— Ne t'inquiète pas, papa. J'écouterai la télé en vous attendant.

Je vais avoir la maison à moi tout seul. C'est égoïste, de penser comme ça quand maman part pour la clinique, mais c'est la première idée qui me vient à l'esprit.

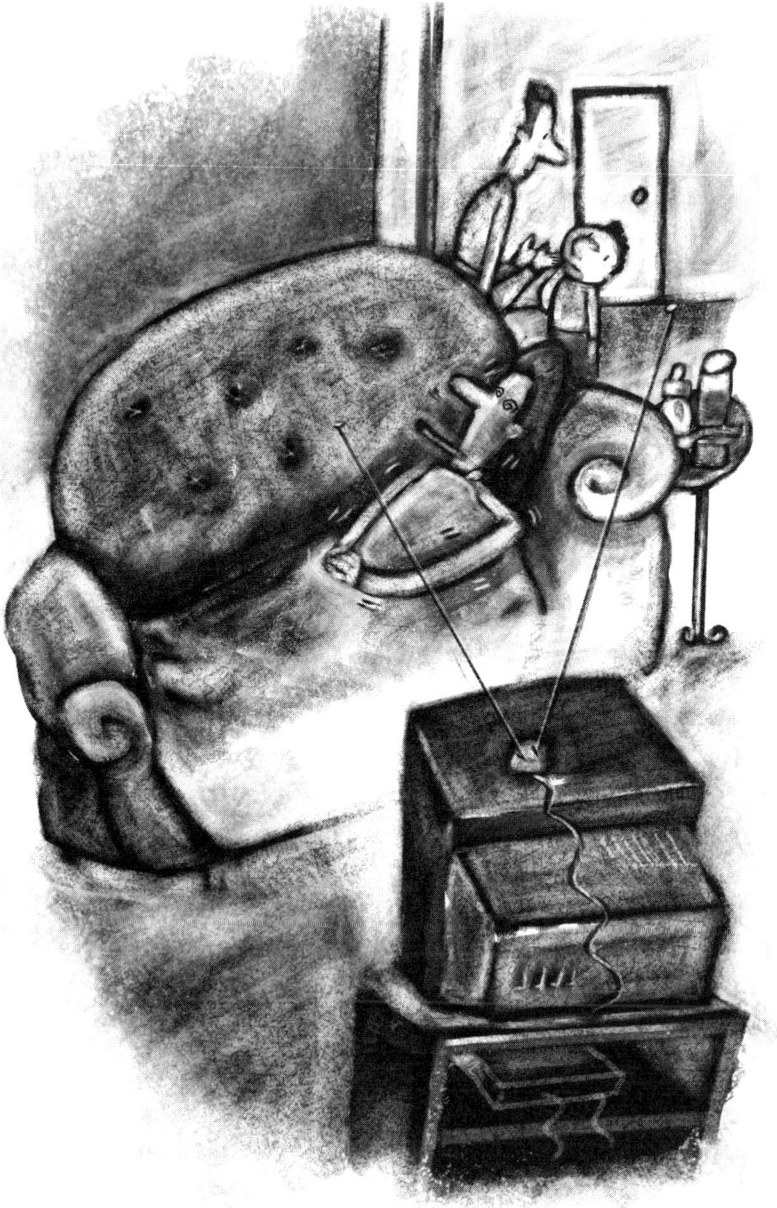

Une fois mes parents partis, je cours dans ma chambre.

— Alfred, c'est toi le plus vieux. Il faut que je te confie quelque chose.

— Vas-y, chef ! dit-il en bombant le torse.

— Maman est malade, papa vient de partir avec elle à la clinique.

— Et tu veux qu'on prenne soin de toi ?

— Pas du tout. Je veux qu'on en profite pour regarder la télévision, mais je trouve que c'est un peu…

— Un peu ? demande Alfred, toujours sérieux, pendant que les quatre autres s'énervent.

— Un peu… pas très chic, de faire les choses en cachette pendant que maman est malade.

— Mais non, Christophe. Ton papa s'occupe de ta maman, nous nous occupons de toi et tu t'occupes de nous. Ça va comme ça ?

Il est gentil, mon Alfred. Mais je sens tout de même qu'il veut profiter de l'absence de mes parents pour savoir enfin ce qu'est une télévision. Je souhaite qu'ils n'aient pas encore pensé à un mauvais coup. Ce n'est pas la journée pour ça.

— Dites-vous bien que, si mes parents n'ont même pas pris le temps d'appeler ma grand-mère pour qu'elle vienne s'occuper de moi, c'est qu'ils me font confiance, et je ne voudrais pas que vous sabotiez tout ça.

À leurs regards, je sais qu'ils comprennent. Ils me regardent droit dans les yeux, presque au garde-à-vous. C'est très solennel.

— On y va ? demande Apolline, gêné par la situation, un peu trop sérieuse à son goût.

— On y va ! Allez, tout le monde dans mes poches !

— Ce n'est pas nécessaire, il n'y a personne, fait remarquer Gontran.

— Et si mes parents reviennent ?

— Tu t'énerves pour rien. Ils ne peuvent pas rentrer si vite !

J'ouvre la porte de ma chambre et je les regarde marcher sur la pointe des pieds comme des petites souris espionnes. Quand ils sont doux et mignons comme ça, je les aime vraiment beaucoup.

Chapitre 5

Une fois arrivés dans le salon, ils comprennent tout de suite.

— C'est ça, n'est-ce pas ? demande Apolline.

— C'est ça.

Ils ont les yeux levés vers la télévision, ils vont se décrocher la tête à force de la regarder de si bas.

— On aurait dû prendre l'échelle de ficelle ! déclare Casimir.

— Pour faire quoi ?

— Pour l'escalader, pour la voir de plus près.

L'idée, ce n'est pourtant pas d'escalader la télévision !

— Tu sais, chef, murmure Zénon en riant, on l'avait déjà vue. Mais on ne savait pas que ça s'appelait une télévision. Ça sert à quoi, au juste ? On y range des choses ?

C'est parti, ils posent des questions comme eux seuls savent le faire, et ils ne me donnent même pas le temps de répondre.

— Pourquoi c'est noir ? dit Gontran. Moi, je trouve que ça serait beaucoup plus joli en rouge.

— Tu as dit que tu voulais lire des choses

nouvelles enfermé là ? Mais tu ne peux pas, chef ! C'est trop petit pour toi !

— Et puis, si tu vas lire dans une boîte, on n'aura plus d'histoires le soir avant de nous endormir ?

— Dis-nous, ça sert à quoi ? insiste Zénon, sérieux comme on n'imagine pas.

— Moi, je voudrais voir ça de plus près, dit Alfred en se mordillant la lèvre inférieure.

Il est temps que je dise quelque chose.

— La télévision, ce n'est pas vraiment ça qu'il faut regarder, c'est ce qu'il y a à l'intérieur.

J'aurais fait mieux de me taire.

— À l'intérieur ? Alors, on l'ouvre ! déclare Casimir.

— Ça s'ouvre par où ? demande Gontran en courant autour de l'appareil pour voir s'il n'y a pas une serrure.

— On doit pouvoir entrer par la fenêtre, elle est supergrande ! renchérit Zénon. Pourquoi il y en a seulement une ?

— Je te dis que tu ne peux pas entrer làdedans ! me dit Apolline.

— Tu es si grand ! déclare Alfred.

— Il n'y a pas de porte ! fait observer le discret Casimir, offusqué.

Finalement, je réussis à imposer le calme et le silence.

— Maintenant, vous allez m'écouter. Nous allons nous asseoir tous les six dans le fauteuil, juste devant la télé, et je vais vous montrer à quoi ça sert.

Il faut les voir grimper sur le fauteuil, de vrais alpinistes ! Quand ils sont assis bien sagement, je prends la télécommande, et hop ! le spectacle commence.

D'abord, il y a une dame qui présente des tartes congelées. Alors, je change de chaîne. Les tordus me regardent d'un drôle d'air et se blottissent les uns contre les autres. À la

chaîne suivante, il y a un film sur les serpents. Je cherche quelque chose de drôle, un dessin animé ou des marionnettes, ou bien une émission sur les dinosaures.

Au troisième coup de télécommande apparaissent des gens qui pleurent. Alors, Alfred murmure :

— Chef, arrête ! Arrête tout de suite !

J'éclate de rire en voyant sa tête, mais je me rends compte qu'il est très sérieux. Ils sont tous les cinq défigurés par la peur, tremblants, presque verts. J'éteins la télé sans comprendre.

— Qu'est-ce qui vous a fait si peur ? Les serpents ? On les a vus quelques secondes, c'est tout.

Alfred inspire profondément.

— Je pense qu'il vaudrait mieux retourner dans ta chambre.

Les quatre autres approuvent de la tête, ça sent l'urgence. Ils dégringolent en bas du fauteuil et partent en courant. Je n'ai pas de mal à les suivre même s'ils courent de toutes leurs petites jambes. Arrivés dans ma chambre, ils se réfugient sous mon lit. De quoi ont-ils si peur ?

Chapitre 6

Il faut un bon moment avant qu'ils réapparaissent. C'est Alfred qui, le premier, sort de sous mon lit. Les autres suivent, la mine basse. Il s'est passé quelque chose de grave. Que vont-ils me dire ? Je veux parler le premier, mais Alfred lève la main avec beaucoup d'autorité.

— Ne dis rien, chef ! Laisse-moi parler.

Au ton de sa voix, je me sens devenir tout

petit, comme quand mes parents ont de sérieux reproches à me faire.

— Chef, nous allons déménager.

— Alfred !

— Attends, tu parleras quand j'aurai tout dit. Casimir, Zénon, Gontran et Apolline sont d'accord avec moi. C'est une bien triste situation, mais nous ne pouvons plus vivre avec toi.

— Mais vous…

— Silence, chef !

Je sens mon cœur se briser, morceau par morceau, puis en petites miettes. Ils ne vont pas partir à cause de la télévision ! Ils n'ont vu que quelques images. Je réfléchis à toute vitesse : la dame des tartes congelées, les serpents… Les gens qui pleuraient peut-être ?

— Nous n'avons pas le choix. Tu nous as menti effrontément depuis que nous vivons ici. Nous te pensions gentil. Tu l'as été, c'est sûr, mais tu nous as caché le pire ! Tu fais de la mauvaise magie, chef, et ça, c'est épouvantable !

J'essaie encore une fois de dire quelque chose, mais Alfred poursuit.

— Tu as métamorphosé une pauvre dame, qui était prisonnière dans ta boîte magique ! Tu as le pouvoir de la transformer en une famille d'horribles serpents... C'est vraiment épouvantable. Nous préférons te quitter. Parce que... parce que tu nous transformeras peut-être un jour en monstres ou en boîtes de carton. Nous avons peur de toi, chef. C'est triste, mais c'est comme ça.

Les quatre autres n'osent pas me regarder. Je pense qu'ils craignent que je les transforme en je ne sais quoi d'un seul regard.

— Nos bagages sont prêts. D'ailleurs, nous n'avons pas grand-chose.

J'ai la gorge tellement serrée qu'il me faut un moment avant de pouvoir répondre.

— Alfred, c'est à ton tour de m'écouter. Je n'ai jamais été magicien et je n'ai jamais métamorphosé personne. Je n'ai aucun pouvoir.

— Mais...

— Maintenant, c'est moi qui parle. La télévision, c'est une chose très compliquée. Il n'y a *personne* dedans. Ce sont des images, comme dans un livre, mais elles bougent, les images. Je ne peux pas vous expliquer exactement comment ça fonctionne. Mais je vous jure qu'il n'y a personne là-dedans. Ni la dame des tartes, ni les serpents, ni les gens qui pleurent. C'est comme si on regardait des photos prises par toutes sortes de gens qui nous montraient toutes sortes de choses.

— Mais c'est toi qui transformais…

— Je n'ai rien transformé. J'ai seulement changé d'album de photos, si vous voulez. En appuyant sur un bouton.

Ce qui me met à l'envers, c'est qu'ils aient voulu partir. Ça, je ne le supporterais pas.

— Il faut que je vous dise une chose, à tous les cinq. Je ne sais pas comment je ferais si vous décidiez de vous en aller. Je vous aime trop.

Et là, sans préavis, les larmes se mettent à

couler. Je pleure, je pleure sans pouvoir m'arrêter !

— Si vous voulez venir avec moi, je vais vous montrer comment la télé fonctionne. Et vous pourrez même essayer de vous en servir vous-mêmes. S'il te plaît, Alfred, il faut me croire.

Ils prennent le temps de se regarder tous les cinq, puis ils me sautent au cou.

— On ne voulait pas vraiment partir, chef ! murmure Casimir en essuyant mes larmes.

Chapitre 7

Ils comprennent enfin que je ne fais pas de la mauvaise magie, et ils sont ravis ! Ils sautent à pieds joints sur les boutons de la télécommande. Ils contrôlent parfaitement la télé et se rendent bien compte qu'ils ont eu peur pour rien.

— Je suis aussi magicien que toi ! déclare Apolline.

À l'unanimité, entre l'émission sur les

serpents qui n'en finit plus, un dessin animé pourtant passionnant et une émission de cuisine, ils choisissent… l'émission de cuisine ! Un gros monsieur à moustaches explique comment faire une choucroute, il y a toutes

sortes de saucisses, le chou fermenté (j'apprends beaucoup moi aussi), des morceaux de porc fumé, de l'oignon.

— Tu retiens bien tout ça, chef ? demande Casimir. Tu nous en feras, une croucroute ?

— *Chou*croute. *Chou* à cause du chou.

Tout à coup, je crois entendre une voiture. C'est mon père qui rentre !

— Vite, tous dans ma poche de chemise. Allez, c'est papa.

Obéissants, ils s'installent dans ma poche, mais ne veulent pas rentrer la tête, trop passionnés par la recette de choucroute.

— Mais cachez-vous !

— Juste les yeux, chef ! On laisse juste nos yeux dépasser !

— Non ! Pas question.

Mon père entre. Avec maman !

Je suis trop heureux qu'elle ne soit pas restée à la clinique. J'ai envie de lui sauter au cou, mais j'ai peur que les tordus tombent de ma poche ou qu'ils se fassent écraser entre maman et moi. Je reste bien assis dans le fauteuil.

Maman a l'air toute fatiguée, papa va la mettre au lit.

— Sage comme une image ? me demande mon père. Tout s'est bien passé ?

Je fais oui de la tête.

— Tu écoutais la télé ?

— Oui, c'est très intéressant. C'est une recette de choucroute.

Il me regarde avec de grands yeux étonnés.

— Et maman, elle va bien ?

— Ça va aller, mon Christophe, ça va même beaucoup mieux.

Soulagé, je demande à mon père :

— Dis donc, si tous les deux on s'en faisait une, choucroute, ce soir ?

Les tordus n'ont pas bronché depuis que papa est rentré. Là, c'est trop pour eux…

— Oh oui ! crie Apolline.

Mon père fait tout à coup une bien drôle de tête.

— Tu es certain que tu n'as pas mal à la gorge, toi aussi, Christophe ?

— Pas du tout !

Du fond de ma poche, j'entends Alfred murmurer tout bas :

— Taisez-vous, son père entend tout !

Heureusement que non ! Sinon, il y a